Inhalt

Den Wandel beherrschen - die agile Organisation handelt schnell und marktnah

Kernthesen

Beitrag

Fallbeispiele

Weiterführende Literatur

Impressum

Den Wandel beherrschen - die agile Organisation handelt schnell und marktnah

Robert Reuter

Kernthesen

- Marktbedingungen und Umwelteinflüsse verändern sich immer schneller.
- Die Unternehmen sind gefordert, sich dem hohen Veränderungstempo ihres Umfeldes schnell und flexibel anzupassen.
- Dies ist mit einer klassisch-hierarchischen Aufbauorganisation oft nicht möglich.
- Aus der Forschung kommen darum immer mehr Vorschläge für eine flexible Unternehmensorganisation.

Beitrag

Volatile Umwelt verlangt flexible Organisationen

Unternehmen haben es heute prinzipiell mit mehr Unsicherheiten zu tun als früher. Der heutige Erfolg kann sich schon morgen zum Misserfolg wenden, wie die abschreckenden Beispiele früherer Marktführer zeigen. Nokia und Motorola waren ganz oben, wurden aber von schneller reagierenden Organisationen wie Apple und Samsung aus den Märkten getrieben. Die hohe Volatilität, die die Unternehmensrealität heute prägt, setzt sich aus vielen Bausteinen zusammen. Zum einen gehören hierzu die sich rasch ändernden Kundenwünsche, zum anderen ist es die allgemeine Geschwindigkeit, mit der es Wettbewerbern immer wieder gelingt, auch etablierte Platzhirsche zu überholen. Volatiliät ist aber auch die Folge einer durch die Finanzkatastrophe 2008 tief verunsicherten westlichen Welt, die sich augenscheinlich auf die Grundfesten ihrer Wirtschaftsordnung gar nicht mehr verlassen kann. Darüber hinaus befinden sich die Unternehmen meist in weitgehend deregulierten Märkten, was in der Vergangenheit dazu führte, dass Rechts- und Regelverstöße nicht mehr als solche wahrgenommen wurden.

Damit ist die Unternehmenswirklichkeit heute geprägt von einer zunehmenden Veränderungsgeschwindigkeit der Märkte und der Unternehmensumfelder. Dabei wird oft auf schmerzliche Weise klar, dass die bisherige Aufbauorganisation der Firmen für diese Herausforderung nicht mehr die richtige ist. Vielmehr gelangen klassisch strukturierte Organisationen immer schneller an ihre Grenzen. Der Koordinations- und Kommunikationsaufwand wächst so schnell, dass er von der Organisation nicht mehr geleistet werden kann; hieraus resultieren Motivationsprobleme und letztlich die Erkenntnis, dass Organisationen aufgrund von Bürokratisierung und Formalisierung nicht mehr in der Lage sind, schnelle Entscheidungen zu treffen und umzusetzen.

Um der Geschwindigkeit des täglichen Wandels Herr zu werden, muss die Organisation vieler Unternehmen flexibler werden. In der Praxis ist dies oft noch nicht der Fall. Die meisten Unternehmen sind nach wie vor hierarchisch organisiert und streben danach, Handlungsmuster zu Routinen werden zu lassen. In der Organisationsforschung stehen darum aktuell neue Organisationsmuster in der Diskussion, die die Unternehmen in die Lage versetzen sollen, auf Veränderungen und Unsicherheit besonders schnell reagieren zu können.

Dies sind unter anderen die fraktale, die modulare, die virtuelle und die agile Organisation. (1), (2), (3)

Flache Hierarchien begünstigen die fraktale Organisation

Die neueren Organisationsarchitekturen zielen darauf ab, die Art und Weise des Handelns der Personen so zu verändern, dass das Unternehmen für hohe Umweltvolatilität gewappnet ist. In der fraktalen Organisation gelingt dies insbesondere durch flache Hierarchien, die entstehen, weil die Organisation aus selbstständigen Einheiten - den Fraktalen - zusammengefügt ist. Beispiele für fraktale Organisationen sind große Handelsketten sowie Zulieferindustrien, die sich um einen zentralen Cluster gruppieren. Durch die flachen Hierarchien ist eine besondere Qualität der Kommunikation gegeben, da sie direkt und horizontal vonstatten geht. Zudem soll die Autonomie der Fraktale eine hohe intrinsische Motivation bewirken. (1)

Modulare Organisation - lose Verbindungen schaffen Flexibilität

In der modularen Organisation ist die Koppelung der

Einheiten stärker als bei der fraktalen Organisation. Deshalb wird hier von Modulen gesprochen, die, anders als die Fraktale, Bestandteile einer netzwerkartigen Gesamtstruktur sind. Da die Module in einer Verbindung zur Zentrale stehen, schränken sie Entscheidungskompetenzen des Top-Managements ein. Die lose Verbindung zwischen den Modulen ermöglicht flexibles Handeln und verschafft der Organisation damit die Befähigung, in volatilen Bedingungen zu bestehen. Auch hier wirkt sich die relative Autonomie der Einheiten positiv auf die intrinsische Motivation der Mitarbeiter aus. (1)

Virtuelle Organisation - schlank und schnell im Cyberspace

Ganz ohne Hierarchien kommt die virtuelle Organisation aus. Sie besteht aus Individuen, die zwar gemeinsame Ziele verfolgen, jedoch ohne über zentralisierte Einrichtungen, Produktionsstandorte oder andere Merkmale traditioneller Organisationen zu verfügen. Ihr Wesensmerkmal ist der intensive Einsatz von Informationstechnologie. Die meist direkte Kommunikation macht virtuelle Organisationen zu einer besonders schlanken und schnell agierenden Unternehmensform. Die intrinsische Motivation ist auch hier vergleichsweise hoch, weil der Einzelne wie eine Unternehmenseinheit fungiert und darum besonders hohe Verantwortung für sein Handeln trägt. (1)

Eigenverantwortung und Marktfokussierung in der agilen Organisation

Besondere Bekanntheit hat die agile Organisation in den letzten Jahren erreicht. Sie besteht aus globalen Produktionsnetzwerken, wie sie beispielsweise für die Baubranche typisch sind. Flexibilität erlangt die agile Organisation durch die sowohl interne als auch externe Kooperation des Netzwerks, wodurch eine Allianz von Kernkompetenzen entsteht. Flache Hierarchien und hohe Motivation sind auch hier wichtige Merkmale. Trotz der vorhandenen Beschreibungen der agilen Organisation fehlt es indessen immer noch an einer allgemein akzeptierten Definition.

Agilität ist die Eigenschaft, schnell, flexibel und initiativ auf Veränderungen der Rahmenbedingungen reagieren zu können. Als so genannte hyperagile Organisationen werden darum beispielsweise IT-Dienste und die Modebranche bezeichnet. Bei ihnen ist der fast tägliche Wandel Normalität, da sich das Geschehen in der Computerwelt genauso schnell verändert wie der Modegeschmack.

Ein Merkmal der agilen Organisation ist damit die strenge Fokussierung aller Beteiligten auf die Wertschöpfung. Hierfür ist die Belegschaft durchgängig in Teams organisiert, die hochgradig eigenverantwortlich arbeiten und deren Ergebnisse immer auf den Markt und den Produkterfolg gerichtet sind. Agile Organisationen sind damit auch durch ein festes Menschenbild gekennzeichnet, das den Mitarbeiter als autonom handelnden und engagierten Teil des Unternehmens begreift.

Der Überbau ist eine klare und transparente Unternehmensstrategie, die sich von den Teams eigenverantwortlich auf die Marktziele anwenden lässt. Zudem verfügt die agile Organisation über einen festen Kanon aus Werten und Prinzipien, der die Gefahr von Complianceverstößen mindert.

Die Vorteile der agilen Struktur liegen damit in der schnellen Kommunikation, in der starken Kundenorientierung bei der Produktentwicklung und nicht zuletzt in der hohen Attraktivität des Modells für Arbeitnehmer. (3), (5), (6)

Trends

Flut von Organisationsmodellen

Die oben vorgestellten Organisationsformen stellen nicht das Ende der Entwicklung neuer Anpassungsmuster an eine sich schnell verändernde Umwelt dar. Zuweilen sieht es eher so aus, dass die Organisationsforschung weit mehr Ansätze liefert als von den Unternehmen aufgenommen oder umgesetzt werden können. Zu den weiteren Vorschlägen aus der Organisationsforschung gehören die reaktive Organisation, die kreative Organisation und die beidhändige (ambidextrous) Organisation. (4)

Fallbeispiele

Auch die agile Organisation ist noch nicht weit verbreitet. Die wenigen bekannten Fälle stammen fast ausnahmslos aus der IT-Branche. Bei der AOE GmbH wurden zur Erreichung von mehr Agilität als erstes die Titelbezeichnungen abgeschafft. Junior, Senior und Lead gibt es seitdem nicht mehr. Die Maßnahme bringt ein neues Menschenbild bei AOE zum Ausdruck, bei dem nicht der Titel, sondern das persönliche Engagement und das Verantwortungsgefühl der Mitarbeiter im Vordergrund stehen.

Ebenfalls im Sinne der Agilitätsidee hat die Neuland Bremen GmbH ihre Organisation ganz auf die Wertschöpfung ausgerichtet. Hierfür ist die Aktivität des Mitarbeiters in einen Stufenplan gegossen, der ihm einen Radius vorgibt, in dem er sich bewegt. Ziel des Plans ist es, das Wertschöpfungsziel nicht aus den Augen zu verlieren. (3)

Weiterführende Literatur

(1) Stabile Flexibilität
aus ZFO - Zeitschrift Führung und Organisation
03/2013, S.160

(2) Agilität liegt in den Prozessen
aus ZFO - Zeitschrift Führung und Organisation
03/2013, S. 174

(3) Agil ist anders
aus Personalmagazin, Heft 11/2013, S. 48

(4) Entwicklungslinien zukünftiger organisatorischer Strukturen und Prozesse
aus ZFO - Zeitschrift Führung und Organisation
05/2012, S.329

(5) Steuerung von Großprojekten
aus ZFO - Zeitschrift Führung und Organisation
03/2013, S.166

(6) Selbst-Bewusstsein durch Selbst-Beobachtung
aus OrganisationsEntwicklung Nr. 04 vom 19.10.2012
Seite 064

Impressum

Den Wandel beherrschen - die agile Organisation handelt schnell und marktnah

Bibliografische Information der deutschen Nationalbibliothek

Die Deutsche Nationalbibliothek verzeichnet diese Publikation in der deutschen Nationalbibliografie; detaillierte bibliografische Daten sind im Internet über http://dnb.d-nb.de abrufbar.

ISBN: 978-3-7379-0274-8

© 2015 GBI-Genios Deutsche Wirtschaftsdatenbank GmbH, Freischützstraße 96, 81927 München, www.genios.de

Alle Rechte vorbehalten. Dieses Werk ist einschließlich aller seiner Teile – z.B. Texte, Tabellen und Grafiken - urheberrechtlich geschützt. Jede Verwertung außerhalb der Grenzen des Urheberrechtsgesetzes bedarf der vorherigen Zustimmung des Verlags. Dies gilt insbesondere auch für auszugsweise Nachdrucke, fotomechanische

Vervielfältigungen (Fotokopie/Mikroskopie), Übersetzungen, Auswertungen durch Datenbanken oder ähnliche Einrichtungen und die Einspeicherung und Verarbeitung in elektronischen Systemen.